AF586729

N°. 18.

ŒUVRES D'AGRICULTURE DE M. DE PLANAZU.

TRAITÉ

Sur toutes especes de volaille ou oiseaux de basse-cour, auquel on ajoute la description d'une machine peu dispendieuse pour faire éclore des œufs sans poule, avec la maniere d'élever les poussins en telle quantité que l'on veut, par le moyen d'un mannequin, le tout orné de Planches.

DÉDIÉ

A Madame la Comtesse DE LAIGLE.

Par son très-humble serviteur,
REY DE PLANAZU,
Membre de la Société physique & économique de Zurich en Suisse.

A TROYES,
De l'Imprimerie de la Veuve GOBELET, Imprimeur du Roi.

1786.

AVEC APPROBATION ET PRIVILEGE DU ROI.

R·P Deplanazu

TRAITÉ

Sur toutes les especes de Volaille ou Oiseaux de basse-cour, auquel on a joint la Description d'une Machine peu dispendieuse, pour faire éclore des œufs sans Poule, avec la maniere d'élever des Poussins en telle quantité que l'on veut, par le moyen d'un mannequin.

DÉDIÉ

A Madame la Comtesse DE LAIGLE.

Par son très-humble & très-respectueux serviteur,
REY DE PLANAZU,
Membre de la Société physique & économique de Zurich en Suisse.

DES COQS ET DES POULES.

IL y a plusieurs especes de coqs & de poules, la poule de Caux de la plus grande espece est préférable tant pour sa beauté que pour la grosseur de ses œufs; mais ces poules coûtent beaucoup plus à nourrir: c'est pourquoi, sans m'attacher à des especes recherchées, & ne considérant cet objet que comme objet de produit, je préfere la poule commune qui est l'espece la plus avantageuse. Les petites poules pattues qui ont des plumes aux jambes sont mauvaises, de peu de produit dans l'économie rurale, & ne sont pour ainsi dire qu'un objet du curiosité, parmi les poules communes, je choisis celles qui sont vives de couleur noire, musc; orangées, faisannées, à plumage de perdrix, &c. j'en choisis peu de blanches, parce qu'elles donnent en général des pontes peu avantageuses, & sont plus sujettes à être enlevées par les oiseaux de proie. Les coqs doivent être choisis d'un beau corsage, d'un port majestueux, la marche fiere & assurée, qu'ils piaffent bien, qu'ils soient droits, qu'ils ayent l'œil vif, le jaret gros, qu'ils soient leftes & libres dans leurs mouvemens, bien emplumés, la tête & le fanon d'un rouge vif, le bec fort & crochu, les ergots longs & pointus, les griffes fortes & courtes. Quant à la couleur, le rouge & le brun me femble préférable : lorfque je peuple ma baffe cour, je compte à-peu-près un coq pour dix à douze poules, lorfqu'ils font forts & vigoureux, comme je viens de le dépeindre, furtout qu'ils ne foient point gras ; le bon âge pour un coq eft un an, & il refte dans fa force jufqu'à quatre ou cinq, après quoi il faut s'en défaire. Les poules bonnes à pondre doivent avoir un an, & pondent ordinairement jufqu'à trois ou quatre. Après ce temps, elles ne font plus bonnes qu'à couver, on doit en réferver pour cet ufage, & elles font préférables aux jeunes qui font fujettes à quitter leurs œufs. Pour connoître l'âge des poules, on employe différens moyens ; les uns leur coupent un ongle chaque année, d'autres leur attachent un fil à chaque jambe. Ainfi, lorfque les poules ont quatre ongles coupés, ou qu'elles ont quatre fils attachés à la jambe, cela indique qu'il eft temps de s'en défaire.

Mais ces foins deviennent inutiles, lorfque c'eft toujours la même perfonne qui les gouverne, parce qu'elle reconnoît aifément chacunes de fes poules fans aucunes marques.

Une fervante vigilante peut avoir foin de cent cinquante poules ; & en fuppofant que cette branche d'économie rurale foit bien conduite, & dans les environs d'une grande ville, le produit peut être évalué, année commune, à douze ou quinze cens livres, tous frais de nourriture prélevés, comme nous allons le faire voir. Commençons par le lieu deftiné à les loger, qu'on nomme le poulailler.

Du Poulailler.

Le poulailler doit être fitué, autant qu'il eft poffible, auprès des toits à porc. Les poules fe plaifent dans le voifinage de ces animaux ; la piece qu'on leur deftine ne doit point avoir plus de huit pieds d'élévation, & doit être, autant qu'il eft poffible, plus longue que large, expofée au foleil levant pour plufieurs raifons. La premiere, pour qu'elles ayent la jouiffance de cet aftre dès fon lever, pour que le local foit abrité de la pluie ainfi que des vents d'Oueft & du Sud, & enfin pour que le foir elles ayent de l'ombre à l'heure de leur retraite. Le dedans du poulailler doit être garni de rayons ou tablettes efpacées d'un pied environ ; les tablettes doivent avoir un rebord de trois pouces, pour empêcher le foin & les œufs de tomber. Ces tablettes feront pofées fur des litteaux enfoncés dans le mur, & faillans de trois ou quatre pouces, pour que les poules puiffent y arriver aifément ; il en faut d'autres qui viennent depuis le bas correfpondre à ceux-ci, pour donner aux poules la facilité d'y monter ; le rayon du bas doit être confervé pour les couveufes. Nous expliquerons comment il convient de les arranger, pour empêcher les autres poules de venir pondre dans leurs nids. Les juchoirs doivent être placés en amphithéâtre, de maniere que les poules qui sont sur les juchoirs supérieurs ne puissent fienter sur les inférieurs; ils ne doivent point être trop près des nids. Il est donc essentiel de les poser aux deux bouts du poulailler, en forme d'amphitéâtre, & d'y adapter des lattes en forme d'échelles, de trois pouces de large environ, sur lequel il y a des litteaux cloués aussi de trois pouces, pour que les poules y puissent monter facilement. Les juchoirs doivent être plats, & non ronds, parce que les poules ne crochent point leurs pattes comme les autres oiseaux; mais se reposent sur une surface platte. Les murs du poulailler doivent être crépis & blanchis; il faut prendre garde qu'il n'y ait ni fentes ni crevasses par où puissent s'introduire les animaux destructeurs de la volaille; il faut pratiquer une ouverture à quatre ou cinq pieds de haut, laquelle doit avoir quatorze à quinze pouces de long sur un pied de large, qu'elle se ferme avec une trape qui glisse sur deux coulisses dans le dehors du poulailler, & que cette trape se leve perpendiculairement par le moyen d'un cordeau qui passe sur une poulie. La fille de basse-cour aura soin de la fermer tous les soirs, lorsque les poules y sont retirées, & de l'ouvrir tous les matins au point du jour. Il faut pratiquer à l'entrée de cette lucarne, tant en dehors qu'en dedans, une latte garnie de petits litteaux espacés de trois pouces, pour en faciliter l'avenue à la volaille. Le poulailler en cet état, il faut construire les nids, tant des poules pour couver que de celles qui pondent; les nids des dernieres doivent être espacés de huit à neuf pouces, le fond en doit être garni de paille & un peu de foin pardessus: on y met un faux œuf pour y attirer les poules. Les nids des couveuses qui sont à ras de terre doivent être espacés de quatorze à quinze pouces en quarré sur vingt pouces de hauteur, & séparés entr'eux par des montans de bois. Il sera bien que chaque nid soit fermé d'une porte, dans laquelle on percera plusieurs trous d'un à deux pouces de diametre, pour donner de l'air aux couveuses qu'on y renfermera, de maniere que les autres poules ne puissent y avoir accès. L'intérieur du nid sera garni de bourre mêlée de regain & quelques plumes.

Le poulailler étant ainsi disposé, il est temps d'y introduire la volaille, & d'expliquer les soins que la fille de basse-cour doit y donner.

Le matin, dès le point du jour, elle ouvrira la porte, & leur donnera à manger. Nous indiquerons plus bas la quantité qu'on doit leur donner. Elle examinera les poules à leur geste, pour voir s'il n'y en a point quelques-unes de malades. Lorsque les poules seront dehors, elle nétoiera le poulailler, les juchoirs, balaiera chaque jour, & mettra les ordures en réserve; cet engrais est excellent pour les vignes & le potager: il sera bien que le poulailler soit fumigé chaque jour; cette fumigation consiste à répandre une poignée de baye de genievre sur un réchaud garni de charbons ardens.

La servante aura soin de veiller ses couveuses, de les ôter du nid, & leur donner à mager & à boire, & elle ne doit point quitter jufqu'à ce que toutes les couveufes foient rentrées dans leurs nids, dont elle refermera la porte.

La trape du poulailler reftera ouverte, pour que les poules puiffent y venir pondre, & fur le midi la fervante reviendra recueillir les œufs, fur les deux heures en hiver, & trois heures en été; elle aura foin de rappeller fes poules pour leur donner une feconde fois à manger. La baffe-cour doit toujours être garnie de plufieurs vafes remplis d'eau pour la volaille, & cette eau doit être changée plufieurs fois par jour, fur-tout en été, ayant foin de la tenir bien claire & bien propre. Il eft bon d'avoir un hangard dans la cour, parce qu'en cas de mauvais temps la volaille s'y met à l'abri : on aura foin d'y jetter de la pouffiere ou des cendres, pour qu'elle puiffe s'y rouler & nettoyer les plumes. La fille doit avoir foin tous les dix à douze jours de changer les nids, d'en nettoyer le fond pour ôter la pouffiere, & commencer par ceux du haut, pour éviter que les pucetes ne s'y amaffent, parce qu'ils nuifent infiniment à la volaille. Il faut garnir les nids de foin préférablement à la paille, parce qu'il eft plus chaud, plus doux, & moins fujet à engendrer de la vermine; il faut faire attention aux poules qui caffent & mangent leurs œufs pour s'en défaire, ainfi que de celles qui chantent, parce qu'elles ne valent ordinairement rien.

De la nourriture qu'on doit donner à la Volaille, avec la comparaifon de la dépenfe & du produit.

Une baffe-cour garnie de cent cinquante poules doit avoir douze à treize coqs, ainfi que nous l'avons dit, on leur donne pour nourriture toutes fortes de graines, tels que le farrafin, ou bled noir, maïs, pomme de terre, avoine, chenevis, ou graine de chanvre, millet, orge, turneps, fpergules fraîches, mûres, foit de haie ou d'autres, tournefol, &c.; mais confidérons ces différentes nourritures fous quatre points de vue différens, favoir, comme nourriture ordinaire, nourriture pour exciter à la ponte, nourriture raffraîchiffante, & nourriture d'engrais, & nous dirons qu'elle eft celle qui convient le mieux, fuivant les circonftances; mais auparavant nous donnerons la comparaifon de la dépenfe d'une baffe-cour avec fon produit.

Toutes ces graines indiquées ci-deffus coûtent ordinairement l'une dans l'autre une piftole, le feptier de Paris, compofé de douze boiffeaux ; chaque boiffeau contient feize litrons, ce qui donne cent quatre-vingt-douze litrons par feptier, & chaque litron revient à un fol un demi denier.

Il en faut deux par jour pour vingt-cinq têtes de volaille, l'un le matin & l'autre le foir; ce qui fait deux fols un denier par jour, ou treize fols pour une baffe-cour montée de cent cinquante volailles : ainfi la dépenfe pour une année entiere eft de 234 livres.

Le produit en œufs eſt des deux tiers des poules la moitié de l'année ; mais à cauſe des couveuſes & de l'hiver, mettons la moitié l'un dans l'autre, nous aurons ſix douzaines d'œufs par jour : n'en mettons le prix qu'à dix ſols, quoiqu'il ſoit à Paris beaucoup plus chers, cela fait 3 livres par jour, & 1080 livres par an, à ce calcul, ajoûtez la quantité de volailles produites chaque année, ſoit en poulets, poulardes, chapons, &c. dont la valeur peut être évaluée à 600 liv. au moins, frais prélevés, ce qui donne un produit de 16 à 1800 livres par année.

Revenons à la nourriture des volailles, le ſarraſin, l'avoine, l'orge doivent compoſer leur nourriture ordinaire. On peut y joindre le maïs, mais il eſt bon de le donner bouilli, cette nourriture eſt bien moins diſpendieuſe & abonde davantage : en général, toutes les graines bouillies ſont plus avantageuſes. La pomme de terre fournit encore une bonne nourriture ; mais il ne faut la donner qu'en petite quantité, parce qu'elle engraiſſe beaucoup la volaille & qu'elle arrête la ponte.

On donnera encore à la volaille les vannures & criblures des grains. Quelques perſonnes leur donnent des marcs de raiſin ; mais cette nourriture ne leur eſt point avantageuſe.

De la nourriture qu'on doit donner à la Volaille lorſque la ponte n'eſt point abondante.

Lorſque la fille de baſſe-cour s'apperçoit que les poules ne ſe prêtent point aux carreſſes du coq, & que le nombre de ſes œufs diminue, elle doit y pourvoir, en mêlangeant à leur nourriture ordinaire un huitieme environ de graine de chenevis & de tourneſol, la ponte reprendra bien-tôt ſon activité. Le défaut de ponte peut auſſi provenir d'une trop abondante nourriture, ce qu'on voit lorſque les poules deviennent trop graſſes., ou bien le défaut provient de n'en point avoir aſſez ; mais cet inconvénient n'eſt pas à craindre, en les nourriſſant dans les proportions que je viens d'indiquer. La graine de ſpergule eſt encore d'un excellent effet pour favoriſer beaucoup la ponte.

Nourriture de la Volaille dans le cas où elle ſeroit trop échauffée.

Lorſque la fille s'apperçoit que les poules glauſent ſouvent & ne pondent point, c'eſt une marque d'échauffement ; ce qu'elle doit encore reconnoître aux matieres qu'elles rendent lorſqu'elles ſont dures, ce qui eſt une marque de conſtipation & d'échauffement, dans ce cas il convient de les rafraîchir, en leur retranchant les graines échauffantes, tels que l'avoine, la ſpergule, le tourneſol, & leur donner de l'orge, des turneps hachées, beaucoup d'herbages & du ſon mouillé.

Nourriture des Poules que l'on veut engraiſſer.

Les volailles que l'on veut engraiſſer en baſſe-cour doivent être ſéparées des autres, car la nourriture qui leur convient arrêteroit la ponte des poules ordinaires. Cette nourriture doit être préparée comme il ſuit, ſavoir, moitié pomme de terre, un quart d'orge & un quart de maïs, le tout bien bouilli dans l'eau. On leur en donne autant qu'elles en veulent manger.

Le ſoin d'une baſſe-cour demande encore quelqu'autres attentions. Il faut veiller les poules qui ne rentrent point aux heures accoutumées, qui vont pondre hors du poulailler, qui chantent ou appellent comme le coq : dans tous ces cas il faut s'en défaire.

Je dois auſſi parler d'un procédé que quelques perſonnes ont imaginé pour nourrir les volailles d'une maniere économique. Il conſiſte à ramaſſer toutes les tripailles, charogne, &c. qu'on laiſſe pourrir avec du ſang de bœuf, & de nourrir les volailles avec les vers & vermines qui en proviennent. J'ai tenté ce moyen qui m'a été fort diſpendieux & inutile. D'ailleurs, c'eſt un cloaque infecte qui n'eſt pas ſain pour les habitans, & la volaille qui s'en nourrit s'en reſſent, tant par le goût déſagréable qu'elle contracte, que par les œufs qui ne ſont pas auſſi bons.

De la Poule & Couvée des Poules.

Les poules pondent communément dix-huit à vingt œufs ſans ſe repoſer, après quoi elles ceſſent de pondre & ſe mettent à glauſer, ce qui indique qu'elles ont envie de couver. Il eſt prudent d'attendre pluſieurs jours avant de leur donner des œufs, ſur-tout ſi ce ſont de jeunes poules, depeur qu'elles ne les abandonnent ou ne les caſſent, ſi ce ſont de vieilles poules on peut les mettre couver avec plus de confiance. On choiſit les œufs les plus égaux & les plus frais pondus, on peut s'aſſurer s'ils ont un germe en les examinant à la lueur d'une chandelle; mais il faut être très-exercé pour les diſtinguer, on choiſit les plus peſant à la main, ou bien on les met dans un eau chargée de ſel, & on rejette ceux qui ſurnagent, on prétend que les œufs pointus produiſent des mâles, & les obtus des femelles, lorſque les œufs ſont ainſi choiſis la fille les arrange dans le nid qu'elle leur a préparé dans le poulailler, elle les y poſera doucement & y placera la poule qu'elle aura reconnue être en chaleur, toutes les poules glauſent & gardent quelque temps le nid après leurs pontes, c'eſt une marque qu'elles veulent couver; mais comme je l'ai déjà dit, il ne faut point faire couver de jeunes, poules ſurtout au-deſſous de deux ans, il faut également rejetter celles qui ſont farouches & celles qui ont des grands ergorts comme des coqs, les premieres ſont ſujettes à abandonner leur couvée & à caſſer leurs œufs, les autres tuent leurs poulets, &c. Il faut choiſir les poules les plus apprivoiſées qui ne s'épouvantent de rien, & que l'on peut lever de leur nid pour leur donner à manger; il y a bien des poules qui à moitié de leur ponte ne font que glauser & qui sont si ardentes à vouloir couver qu'elles n'en font que la moitié; on corrige ce défaut en leur passant une petite plume par les narrines.

Il ne faut pas remuer les œufs souvent avec les mains, parce que cela est dangereux à la génération du poulet, la nature guide les poules & les instruit mieux que nous à faire ce qu'il convient; il y a des poules tellement attachées à leur couvée qu'elles ne quiteroient pas leur nid même pour manger; la fille aura soin de les lever tous les matins pour les faire manger, & leur faire prendre l'air parce qu'elles s'échaufferoient & tomberoient en langueur; il faut tenir registre du jour de chaque couvée, afin de prévoir le temps où les poussins doivent éclore. La couvée dure vingt-un jours, après ce temps elle aura soin d'écouter s'il n'y a point quelques poussins qui crient, elle peut même, mais très-adroitement retirer les œufs & voir si les poulets commencent à pousser la coque avec leur bec; elle est quelquefois si dure que ces petits animaux n'ont pas la force d'en venir à bout eux-mêmes, c'est à elle pour lors de les secourir en enlevant l'endroit de la coque où elle voit que le poulet auroit fait atteinte; après quoi elle remet l'œuf sous la poule qui le fait éclore. Elle ôtera toutes les coques écloses & nétoyera bien le nid; elle prendra garde que la poule en se levant ne marche sur les petits poulets & ne les tue, parce qu'alors ils sont si délicats que le moindre attouchement les fait mourir, ils restent deux jours sous la mere sans manger, tous les œufs qui ne sont point éclos trois jours après le terme de la couvée doivent être jettés comme mauvais.

On ne donne point à couver autant d'œufs au printems que pendant l'été, ainsi dix à douze suffisent aux premieres couvées de Février, quatorze à quinze en Mars, en Avril, Mai & Juin, &c. on peut en donner dix-huit à vingt. Après que les poussins sont éclos, il faut autant qu'il est possible les mettre sous une mue dans un endroit chaud seulement pendant deux jours & les exposer au soleil, parce que la chaleur les fortifie, il faut qu'ils soient à couvert de la pluie qui les feroit mourir. La nourriture qu'on doit leur préparer pendant les premiers jours, consiste à leur donner du millet cru, du maïs bouilli & crevé dans l'eau, de la mie de pain trempée dans du lait ou du vin, de la spergule hachée qu'ils mangeront avec appétit, au bout de quelques jours elle les laissera courir avec la poule quand il fera beau, elle continuera ces soins pendant quinze jours seulement, après quoi elle les laissera sortir tout-à-fait, parce qu'ils seront assez forts pour résister aux mauvais temps.

Description & Explication d'une machine peu dispendieuse pour faire éclore les œufs sans Poules, avec les moyens d'élever les Poussins en telle quantité que l'on veut.

Personne n'ignore que de tous les temps les Egyptiens ont fait éclore les poulets d'une maniere artificielle dans des fours,& plusieurs auteurs nous ont donné la description de ces fours. On a voulu les imiter en vain par des moyens aussi dispendieux qu'inutiles,les expériences faites à ce sujet ont été pour la plus part infructueuses, la difficulté n'est pas de donner un degré de chaleur suffisante pour faire éclore les œufs ; mais il est très-difficile d'élever les poussins : lorsqu'ils sont éclos, on ne peut plus les tenir dans des fours, & néanmoins il ont besoin d'une grande chaleur pendant les premiers jours de leur naissance. J'ai imaginé à cet effet un mannequin, sous lequel les poussins se retirent pour y jouir de la chaleur qu'ils trouveroient sous les aîles d'une poule, & qui m'a parfaitement réussi : cette machine donne une chaleur artificielle toujours égale, & qui imite parfaitement celle de la nature. Ce mannequin s'éleve lorsque l'on veut, afin que les poussins puissent se promener & s'accoutumer à l'air de l'athmosphere, ainsi qu'on peut le voir dans la Figure.

Figure 1. est la caisse pour mettre couver les œufs. Elle s'ouvre en A. & en B. tel qu'on le voit dans la Figure 2. qui est la coupe de la machine : on voit que c'est une caisse doublée dans toutes ses parois. La partie intérieure de B. en L. est une caisse dans laquelle est un nid de paille ou d'osier; le fond de la caisse, entre le panier & le bois, est rempli de bourre cardée & pressée, pour que l'air extérieure ne pénetre pas le nid F. qui est garni de plumes & de duvet, sur lequel on pose les œufs E. & que l'on recouvre par un duvet chaud & léger G. après quoi on rapporte la partie supérieure H. qui est de même entre le double fond garni de bourre, pour le rendre impénétrable à l'air : dans le haut de la machine est adaptée une tringle qui supporte trois boulets D. qui y sont suspendus par une chaîne. Il y a un couvert A. à la machine, par où l'on ôte les boulets, & par lequel on les remet. I. est un autre coussin ou plumon qui recouvre l'entrée, lorsqu'on commence à mettre les œufs pour les faire couver. On met un boulet rouge suspendu dans cette machine, chauffé au degré du noir à la couleur. Au bout de trois heures on en met un second, au bout de trois autres heures on met le troisieme & on ôte le premier; trois heures après on remet le premier & on ôte le second, ainsi de suite de trois heures en trois heures, jusqu'à parfaite couvée, une fois par jour, on doit remuer doucement les œufs, les retourner & changer de place : pour cet effet, la personne qui a soin de conduire cette machine, se chauffera parfaitement bien la main, découvre la machine en B. ôte le coussin G.

&

& après avoir remué doucement les œufs dans le nid pour les retourner, les recouvre & les réchauffe. Lorſque les pouſſins ſont éclos, on les met ſous le mannequin; cette machine repréſente une poule accroupie, on y a ménagé une concavité dans laquelle les pouſſins ſe retirent, & on y a pratiqué diverſes entrées, ainſi que nous allons l'expliquer, en donnant la deſcription des Figures 3, 4 & 5. Ces entrées ſont fermées légérement par des petits morceaux de molton, ou d'autres étoffes chaudes, qui en laiſſe l'entrée & la ſortie libres aux petits pouſſins qui vont s'y abriter. Les pieds de ce mannequin ſe levent & ſe baiſſent par le moyen d'un petit tourniquet, A, qui les dreſſent ſur un axe briſé, tel qu'il eſt à voir dans la Figure 4; ſes pieds ſont garnis de roulettes, afin de promener ce mannequin à volonté. Les pouſſins y trouvent la même chaleur qu'ils trouveroient ſous les aîles d'une poule, au moyen de la chaleur artificielle qu'on y donne, en y ſuſpendant deux boulets chauds qu'on renouvelle de 2 en 2 heures, ainſi qu'on le voit dans la Figure 5. Le ſurplus des ſoins que l'on doit donner aux pouſſins eſt le même que celui que j'ai indiqué plus haut. Quand ils ont trois mois, il eſt temps de faire le choix tant des coqs & poulettes que l'on deſtine à remplacer les vieux coqs & vieilles poules, que des volailles qu'on deſtine à être engraiſſées à l'épinette, & de celles dont on vient de faire des chapons & poulardes. Nous avons déjà dit que pour repeupler la baſſe-cour, on devoit garder les coqs les plus forts, les plus leſtes & les plus vigoureux; nous avons auſſi parlé du choix des poules : quant au reſte, on en choiſi pour chaponner la quantité qu'on en deſire; & voici comment ſe fait cette opération.

On prépare ſur une aſſiette un peu de beurre frais pétri avec des cendres de bois neuf tamiſée; on prend le poulet, on lui ôte quelques plumes à la partie où l'on veut faire l'inciſion; on prend un couteau qui coupe bien, & on lui fait cette inciſion un peu à côté de l'endroit qui enveloppe les teſticules du poulet, on y inſere l'index de la main droite avec lequel on les tire. L'opération faite, on coud la plaie avec du fil, & on la frotte avec la graiſſe que je viens d'indiquer, après quoi on lui fait avaler une gorgée ou deux de vin, dans lequel on aura fait bouillir du genievre. On laiſſe ainſi aller le chapon qui paroît triſte pendant quelques jours de la perte qu'il vient de faire de ce qu'il a de plus cher : quand il fait trop chaud, il faut avoir ſoin de les tenir enfermés au frais, parce que la gangrene pourroit ſe mettre à la plaie. On châtre de même les jeunes poules pour en faire des poulardes; ce qui ſe fait en leur ôtant l'ovaire. Nous avons déjà dit que pour pouſſer ces volailles à l'engrais, il étoit bon de les tenir dans une baſſe-cour ſéparée des autres, parce que la nourriture qui leur convient ſeroit contraire aux poules deſtinées à pondre.

De l'Engrais de l'Epinette.

La meilleure maniere d'engraiſſer les poulets eſt de les tenir enfermés dans une épinette. Les caſes doivent être étroites & baſſes, de maniere que les poulets ne puiſſent ni ſe lever ni tourner; ils doivent être appuyés ſur un bâton eſpacés de maniere que la fiente ne croupiſſe. En devant eſt placée une porte à couliſſe, & percée de maniere que le poulet puiſſe y paſſer la tête pour manger: le manger ſe met dans une auge placée en avant. L'épinette doit être placée dans un lieu chaud & ſombre. Avant de placer chaque volaille dans ſa loge, il faut avoir ſoin de lui plumer les entrecuiſſes, & même une partie de la tête, afin qu'il ne s'y engendre point de vermine.

La nourriture qu'il convient de leur donner doit être compoſée comme il ſuit. On fait bouillir des pommes de terre dans l'eau, & on les réduit en conſiſtance de bouillie épaiſſe : lorſqu'elle eſt refroidie, on la pétrit avec de la farine de maïs, pour en former une pâte, dont on fait des pillules groſſes comme des gros pois; on leur porte ces pillules dans l'auge deux à trois fois par jour, autant qu'ils en peuvent manger. Pour parvenir à faire promptement ces pillules, on fait une abaiſſe de cette pâte, on y paſſe enſuite le rouleau pour en former un quarré de trois à quatre lignes d'épaiſſeur; on la coupe enſuite en long & en travers pour en former de petits quarrés qu'on roule enſuite dans de la farine de maïs; ce qui forme autant de petites pillules qu'on met dans l'auge des petits poulets. Au bout de quinze jours ou trois ſemaines la volaille peut être auſſi graſſe que l'on puiſſe le deſirer.

Quand on a traité la volaille comme je l'ai dit, il lui arrive peu d'être malade. Cependant les poules ſont ſujettes à une maladie que l'on appelle pépie; cette maladie leur vient ou par les trop grandes chaleurs, ou pour avoir manqué d'eau, ou pour en avoir eu de ſale & mal-propre. On leur reconnoît cette maladie lorſqu'elles ne veulent ni boire ni manger : dans le cas on leur ouvre le bec, & ſi leur langue a un cartillage blanchâtre, il ne faut plus douter que ce ſoit la pépie, il faut lever doucement ce cartillage avec une aiguille; on leur lave enſuite la langue & le bec avec du ſel & du vinaigre; on les met enſuite ſous une mue pour ne leur donner pendant quelques jours que des turneps, laitues ou autres racines hachées bien menues : on peut y joindre des poirés, concombres, &c. avec du ſon mouillé, & ſur-tout qu'elles ayent de l'eau bien propre & bien nette.

La vermine incommode encore quelquefois la volaille, ce qui n'arrive pas quand elles ſont tenues proprement; pour remédier au mal il faut faire cuire des choux verds dans de l'eau, & de ladite eau en laver la volaille, ce qui les purgera de la vermine. La volaille eſt encore ſujette à quantité d'autres maladies, au cathare, aux fluxions, aux inflammations ſur les yeux, à la galle, à la goutte, aux abcès, à l'épilepsie, à la pthisie & la mue, &c. Mais comme il y a tant d'auteurs qui traitent ces différentes maladies, il est facile de les consulter; je dirai seulement, que lorsque la volaille est en mue je leur fais donner un peu de chenevis & de semence de cumin avec leur nourriture ordinaire.

Les oiseaux de basse-cour ne sont pas profitables dans une Ferme qu'autant qu'il y en a peu ou beaucoup; dans le premier cas un cultivateur peut nourrir sans frais & sans peines quelque têtes de volailles qui ne demandent aucuns soins, mais une médiocre quantité est plus préjudiciable qu'avantageuse, parce que son produit ne peut couvrir les frais & les soins que ces volailles exigent, ainsi donc pour tirer un parti avantageux de cette branche d'économie rurale, il est essentiel d'élever une grande quantité de volailles, & c'est alors qu'on retire avec usure les frais & dépenses d'entretien.

Les coqs & poules d'indes & les canards, doivent être élevés dans la même basse-cour que les poules, la même fille doit en avoir soin, mais elle a besoin d'un sous-aide quand on veut varier les différentes especes, elles sont d'un grand avantage comme je vais le démontrer.

Des Coqs & Poules d'Indes.

Cette espece de volaille nous vient originairement des Indes, & a été apportée en France par les Jésuites, elle est d'un grand produit dans une Ferme, parce qu'elle multiplie beaucoup, mais il en faut élever par troupeaux pour en ressentir du profit, car si on n'en a que quelques-unes on est obligé de les laisser aller à l'abandon, & leur voracité les rend plus incommodes que profitables; je staturai donc sur le produit de quarante poules & de sept à huit coqs, il est facile de loger cette volaille, parce que parvenue à quelques mois elle passe volontiers la nuit en plein air, il est cependant prudent d'avoir un poulailler à part pour cette volaille, sa construction est indifférente, pourvu que ces volailles soient à l'abri des incursions des animaux destructeurs, il faut qu'il y ait des perches fortes & bien soutenues pour leur servir de juchoirs, & que ces juchoirs soient disposés de façon qu'ils ne fientent point les uns sur les autres; on peut les élever de huit à dix pieds, mais il en faut de plus basses pour les jeunes d'un côté du poulailler, le côté opposé de ce poulailler doit être destiné pour les couveuses, pour cet effet on y place de vieilles futailles sciées par la moitié pour leur servir de nid, on les remplit de paille & de foin afin qu'elles y pondent & y fasse leurs couvées. Ces nids doivent être séparés par des planches pour que les poules ne se voyent point.

Du Coq d'Inde.

Le coq d'inde se distingue aisément de la poule d'inde par la crête qu'il porte sur la tête qu'il a longue ou racourcie à volonté, & qui lui tombe quelquefois deux ou trois pouces plus bas que le bec, ainſi que la touffe de poils qui garnit ſon poitrail; un bon coq doit être éveillé, fort & hardi, il n'eſt bon que depuis un an juſqu'à trois ou quatre, la couleur eſt indifférente, cinq à ſix poules lui ſuffiſent.

Des Poules d'Indes.

L'âge des poules d'indes pour pondre eſt comme celui des poules ordinaire d'un an à quatre à cinq ans, il faut à cet égard ſuivre ce que j'ai dit en parlant des poules ordinaires.

De la nourriture des Poules d'Indes en générales.

La nourriture des poules d'indes doit être compoſée de maïs bouilli avec toutes eſpeces d'herbes & de racines qu'on doit leur donner dès le matin. On en donne une ſeconde fois à midi dans l'hiver, & à deux heures en été. La quantité eſt d'un litron ſur vingt têtes pour chaque ration; ce qui fait 2 litrons par jour. En évaluant le maïs à 20 liv. le ſeptier, chaque litron coûte 2 ſols 1 den. les 2 litrons coûteront donc 4 ſols 2 deniers par jour, & 75 livres par an. Ainſi 50 têtes de ces volailles coûteront 187 livres 10 ſols; ajoûtez-y pour les racines 1 ſol par jour, c'eſt 18 livres par an: la dépenſe pour 50 têtes de volaille ſera de 205 livres 10 ſols; mais comme en été on conduit ces animaux ſur le bord des chemins & dans les champs récoltés pour paître, on diminue alors leur nourriture de moitié. On peut donc l'évaluer en la portant très-haut à 200 livres, ce qui fait 4 liv. par tête de volaille.

Mettez 100 liv. pour le coût du Dindonnier, la depenſe totale eſt de 300 liv. 40 poules doivent faire chacune 2 couvées par an de 15 à 18 œufs, en tout 30 à 36; je les réduit à 16 petits pour chaque poule, à cauſe des pertes, ce qui fait plus de 600 dindonneaux qu'il faut nourrir pendant 6 mois. Au bout de quelques temps ils valent au moins 40 ſols piece, en tout 1200 livres. J'évalue la nourriture de chaque piece pendant 6 mois à 16 ſols par tête, ce qui fait 480 livres, leſquels déduits de 1200 livres donnent un produit de 710 livres. La dépenſe des 50 bêtes eſt de 300 livres. Reſte ſur cette partie un produit annuel de 410 liv. au moins.

Il eſt très-avantageux de cultiver un canton de ſpergule pour ces animaux, ou de leur réſerver un coin de pré ou un verger pour leur nourriture: ce procédé diminue beaucoup les frais. Les engrais qu'ils procurent équivalent au coût de la fille de baſſe-cour. Les poules d'indes couvent les œufs de toutes ſortes de volaille, & il eſt même avantageux, dans le temps de leur ponte, de les employer à ce ſoin; elles y ſont beaucoup plus aſſidues que les poules mêmes, & en couvent preſque le double.

De la ponte & couvée des Poules d'Indes.

Les poules d'indes pondent ordinairement 18 à 20 œufs avant de ſe mettre à couver. Il eſt rare qu'elles pondent réguliérement dans leurs nids, au contraire, elles aiment beaucoup à ſe cacher pour pondre, & cherchent les lieux écartés ; c'eſt pourquoi il importe de les empêcher de s'éloigner lors de la ponte : on cherchera ſoigneuſement leurs œufs dans tous les endroits qu'elles parcourent.

Leur premiere ponte commence vers la fin de Février, ou au commencement de Mars, & la deuxieme au mois d'Août. Quand la fille s'apperçoit que la poule commence à ne plus quitter le nid, c'eſt une marque qu'elle a envie de couver, en ce cas on lui donne 15 à 18 œufs s'il fait froid ; s'il fait chaud, on peut lui en donner 20 à 22. Les œufs de d'inde ſont 30 jours avant d'éclore, on peut y joindre des œufs de canard, qui ſont le même temps à éclore. Si on y mettoit des œufs de poules, il faudroit ne les mettre que le neuvieme jour, parce que les œufs de poules écloſent au bout de 21 jours ; mais il vaut beaucoup mieux ne mettre que des œufs d'une même eſpece. Il faut avoir le même ſoin des poules d'indes couveuſes que des poules ordinaires ; les poules d'indes ſont ſi fortement attachées à leurs couvées, qu'elles périroient plutôt que de l'abandonner. La fille doit veiller à la fin de la couvée, pour aider aux petits à éclore, comme je l'ai dit ci-devant à l'article des poules, les petits ſont très-délicats, & c'eſt ce dont je vais parler : s'il y a pluſieurs couvées qui viennent à éclore dans le même temps, on peut donner le tout à une même poule, parce qu'une même poule d'inde peut avoir ſoin de 40 à 50 petits, ce qui fait une économie, parce que les d'indes que l'on remet avec les autres font bien-tôt une autre ponte, ou bien on peut de ſuite les employer à couver des œufs de poules ordinaires, en quoi elles excellent & ſont très-propres.

Façon d'élever les Dindonnaux & de la nourriture qu'on doit leur donner.

La délicateſſe de ces petits oiſeaux demandent tous les ſoins poſſibles, le froid & la pluie les tuent ; il eſt donc néceſſaire de les abriter & de les tenir le plus chaudement qu'il eſt poſſible pendant leur premiere jeuneſſe, & ce n'eſt que quand il fait un beau ſoleil & que la terre n'eſt point humide qu'on peut les laiſſer ſortir.

Ces petits oiſeaux pialent toujours & ſont très-avides, il ne faut pas les laiſſes manquer de nourriture, & leur en donner ſouvant de fraîche en quantité ſuffiſante, il ne faut les toucher qu'en cas de néceſſité, car cela leur eſt très-contraire. A peine éclos il faut pourvoir à leur nourriture & leur donner de jaunes d'œufs, même le blanc que l'on aura ſoin de hacher bien menus avec des feuilles d'orties ou de la ſpergule fraîche ; au bout de huit jours on leur retranche les œufs & on ne leur donne que des feuilles d'orties ou de la ſpergule hachée bien menue qu'on fait bouillir avec du ſon; on peut leur donner du lait caillé ou du maïs auſſi bouilli & mis en grumeau, un peu de millet, du panis, &c. On leur retranche petit-à-petit les nourritures délicates, & on les accoutument à manger comme les autres: dans leur tendre jeuneſſe on leur jette un peu de graine de cumin, & cela les fortifie, il y a même quelques perſonnes qui leur font avaler un grain de poivre, ou une tête de clou de girofle. Quand ils ſont fort & qu'ils peuvent ſe paſſer de leur mere, on les met à la garde du Dindonnier qui veillera bien exactement à ſon troupeau.

Quant à la caſtration, elle ſe fait de même qu'aux petits poulets; mais on employe peu ce moyen. Lorſqu'on veut les engraiſſer, on peut le faire comme je l'ai dit en parlant de la petite volaille, en la mettant dans des épinettes; mais ce moyen ſeroit trop diſpendieux. Pour les engraiſſer à la baſſe-cour, on doit les tenir enfermés dans une cour ſéparée avec les chapons & autres volailles deſtinés à l'engrais; on les nourrit avec du maïs & des pommes de terre bouillies, à quoi on ajoûte du ſon & des turneps hachée; on en fait des boulettes qu'on roule dans de la farine de maïs, & on leur en donne autant qu'ils en peuvent manger; on ne leur donne qu'une ſeule fois à boire par jour, & ils ne tardent pas à devenir très-gras.

Des Oies.

Les oies, ainſi que tous les autres oiſeaux de baſſe-cour, ne ſont d'un bon produit qu'autant qu'ils ſont élevés en quantité; mais alors les oies ſont de tous ces animaux ceux qui donnent le produit le plus avantageux: tout eſt produit chez eux.

On ne doit ſonger à élever des oies qu'autant que le local qu'on occupe permet de le faire commodément, car les oies demandent une eau courante, & néanmoins il eſt nécſſaire de les tenir enfermés, ſans quoi ils cauſent un grand dégât par-tout où ils paſſent. Il faut donc premiérement avoir chez ſoi un ruiſſeau coulant, ſur lequel on conſtruira un parc pour cette volaille qui n'en doit jamais ſortir; dans ledit parc on y conſtruira un baſſin, dans lequel le ruiſſeau paſſera. Mais je le répete, ſi on n'a pas cette commodité, on ne doit point s'attacher à cette eſpece de volaille, parce qu'on ne peut, comme les poules d'indes, les mettre ſous la garde d'un conducteur, & leur dégât dans les prés & dans les champs excéderoit le bénéfice qu'on pourroit en faire. Le parc qu'on leur prépare doit être entouré d'une paliſſade élevée de cinq à ſix pieds, afin que les oies ne puiſſent en ſortir: une claie doit fermer l'entrée & la ſortie du ruiſſeau, & on doit, comme je l'ai dit, y former un baſſin où les oies puiſſent nager librement. On y conſtruira des loges quarrées ſous un appentis, de maniere que chaque loge puiſſe tenir commodément 15 à 20 oies pour y paſſer la nuit. Le nombre des loges, & celui des oies ſera proportionné à la grandeur du parc.

On ne doit point craindre que les animaux deſtructeurs de la volaille, ni les voleurs attaquent celles-ci, parce qu'à la moindre alerte toutes ſont en mouvement; il faut avoir un auge à ras de terre pour leur donner à manger, la nourriture qu'on leur donne conſiſte en herbage & racines fraîches qu'on hache bien menues & que l'on met dans leur auge; on doit avoir attention de leur donner de la litiere pour ſe coucher, on leur conſtruira des nids à ras-de-terre avec un rebord de trois à quatre pouces pour les contenir. Lorſqu'on a un local ainſi préparé, on peut élever cinq à ſix cens de ces animaux, qui pour lors rapportent un grand produit comme je vais le faire voir.

Un jard ſuffit pour cinq à ſix femelles, on le choiſit blanc parce que les oies de cette couleur ſont plus recherchées; il doit avoir l'œil vif & alerte. La nourriture de cette volaille, telle que je viens de l'indiquer, ne coûte pas plus d'un ſol par mois pour chaque bête : ainſi, quarante à cinquante oies coûteront au plus un louis ou dix écus par an.

Elles ſont trois pontes abondantes chaque année. On donne 10 à 12 œufs à couver à chaque oie; mais il eſt plus avantageux de faire couver ces œufs par des poules d'indes, parce que quand on retire les œufs des nids des oies, elles continuent toujours à pondre, & ſont 60, 80, même 100 œufs de ſuite. Si on préfere de mettre des oies à couver, il faut avoir attention de mettre la mangeaille à la couveuſe devant elle, & de ne point lui en laiſſer manquer, parce qu'elle s'attache fortement à ſa couvée, & ne la quitte point; les oies couvent trente jours. Au bout de ce temps, & quand les petits ſont éclos, il faut les enfermer avec leur mere, ne point les laiſſer ſortir, car quoique ces petits aillent à l'eau dès plus tendre jeuneſſe, la pluie les morfond & les tuent. Les feuilles de laitues, de raves, de chicorée, &c. ſont la nourriture des jeunes oiſons : on les leur donne hachées; on peut leur donner auſſi de temps en temps de l'orge & du maïs bouilli & en grain. On plume les oies ordinairement deux fois par an, ſavoir, au mois de Mai & au mois d'Octobre. Il ne faut jamais arracher les plumes & le duvet des jeunes oies qu'il ne ſoit mur & qu'il ne commence à tomber de lui-même : ſi on le cueilloit avant ce temps, le ſang ſortiroit avec les plumes, & les vers s'y attacheroient; on arrache auſſi dans le même temps quelques groſſes plumes des aîles qui ſervent à écrire, la Hollande en fournit beaucoup, parce que le terrein bas de ce pays leur permet de former beaucoup de parcs pour les éducations des oies. Pour affermir les plumes on les paſſe légérement dans la cendre chaude. Dix oies fourniſſent à-peu-près dans les deux récoltes une liv. de plume à lit & cent plumes à écrire, non compris le Duvet, ce qu'on ne peut évaluer à moins d'un écu, ainſi ſix cens oies produiroient 180 livres ſeulement pour les plumes.

Les 500 femelles donneront au moins un millier de jeunes oies, lesquelles évaluées à vingt sols piece font un produit de 1000 liv. en tout environ 1200 liv. les frais étant au plus de 500 liv. le produit est de 800 liv. Dans ce calcul ne sont pas compris les œufs qui n'auront pas été donnés à couver, & qui forment un objet important. On tire de cette volaille encore un profit plus considérable, lorsqu'on veut les engraisser pour les mettre en baril, pour cet effet on leur creve les yeux, & on les tient enfermés dans un lieu obscur, en les nourrissant avec des pommes de terre cuites, mêlées avec de la farine de maïs. Voici la maniere de les préparer.

Maniere de préparer les Oies pour les mettre en pot, avec la maniere de les confire pour les conserver.

Lorsqu'on a des oies en quantité & grasses, on leur coupe la tête, on les plume, on ôte les abbatis, & on les met à part comme le col, les aîlerons, les pattes, le foie & le gésier, &c. les tripailles & les intestins se jettent aux canards ou aux étangs, après quoi on découpe les oies le long de l'estomac, on passe le couteau tout au tour de la carcasse, afin qu'il n'y demeure plus de chair. Les quatre membres se trouvant écartelés & tiennent tous ensemble, on les met en cet état dans un vase ou récipient quelconque, on saupoudre une demie poignée de sel sur chaque oie. Quand ils ont passé ainsi six à huit heures dans le sel, on met fondre du sain-doux, & on les fait cuire dedans jusqu'au trois quarts de leur cuisson : la graisse de ces animaux augmente celle où on les a mis. On fait cuire de même les abbatis, le gésier & le foie qui est l'objet le plus délicat; ensuite on arrange le tout dans des pots ou barils que l'on caque autant qu'il est possible ; on verse dessus partie de la graisse où ils ont cuits ; on les envoye en cet état pour la consommation des grandes villes.

J'observe qu'il est nécessaire de les faire cuire entiers sans découper les membres, ainsi que je l'ai expliqué, parce que sans cela la chair se retireroit sur les os, & les laisseroit à découverts.

Il y a beaucoup de personnes qui se contentent de les caquer avec du sel, quelques feuilles de laurier, quelques grains de poivre, & un peu de baie de genievre ; d'autres les laissent passer vingt-quatre à trente-six heures dans la saumure, & les mettent fumer.

Des Canards.

Tout est avantageux dans une basse-cour : autant les oies font de dégât, autant les canards en font peu, ils sont au contraire très-utiles pour purger les terres des insectes. Cette seule cause doit engager à en élever beaucoup, & tant qu'ils trouvent des insectes, ils ne font aucun dégât dans les terres ni dans les potagers.

De

De la ponte & couvée des Canes.

Les canes pondent ordinairement depuis la fin de Mars jusqu'à la fin de Mai; mais dans le temps qu'elles commencent leur ponte, il ne faut plus les laisser sortir, car elles perdent leurs œufs, & pondent par-tout; il est plus avantageux de donner leurs œufs à couver à une poule d'inde ou une poule ordinaire. La poule d'inde couvera 18 à 20 œufs de canes, la poule commune en couvera 12 à 15, & la cane ne peut en couver que 8 à 10. D'ailleurs, la poule d'inde ou la poule ordinaire sont bien plus attachées à leur couvée que la cane. Leur logement doit être pareil à celui des oies, sans cependant qu'il soit nécessaire de les enfermer comme elles; leur nourriture est peu recherchée, tout leur est bon, seulement il est utile qu'ils ayent une mare ou étang à leur portée, pour qu'ils puissent y barbotter. On doit avoir le même soin des petits canards que des petits poussins pendant les premiers jours de leur naissance : le canard se prépare en tout comme les oies.

Lorsque les arbres sont attaqués de hannetons, il est bon de mener des troupeaux de canards dans les jardins fruitiers, & au-dessous desdits arbres que ces insectes attaquent : on secoue les arbres, & les canards n'en échappent point, ils les gloutonnent avec une avidité surprenante.

Des Pigeons.

Le colombier est une des pieces de la maison qui rapporte le plus de profit; autant que l'on peut, il faut le construire à 4 ou 500 pas de la ferme, loin de l'agitation des arbres, des chûtes d'eau, des allants & venants, car les pigeons sont naturellement timides. On choisira sur-tout la partie la plus élevée du terrein pour y placer le colombier, sans qu'il y ait rien à craindre de cette élévation. L'expérience a convaincu qu'un colombier isolé & élevé de beaucoup au-dessus des autres produisoit moitié plus que celui qui est moins élevé & construit dans un endroit bas; il est vrai que l'oiseau de proie fréquente davantage un colombier élevé & isolé que celui qui est dans un vallon; mais il inquiete plus les pigeons qu'il ne les détruit, ne pouvant saisir que ceux qui se séparent. Il faut observer aussi de placer le colombier un peu loin de toutes sortes de pieces d'eau, afin que celle que les pigeons y vont chercher pour leurs petits ait le temps de s'échauffer dans leur bec, ce qui la rend plus saine.

De la construction du Colombier.

On fait le colombier aussi grand qu'on le juge à propos, & on proportionne la profondeur, l'épaisseur & la hauteur des fondemens & des murs à l'étendue de la piece. On donne ordinairement aux fondements la sixieme partie de sa hauteur & le double de l'épaisseur du mur; on fait chaque mur plus haut d'un quart que le colombier n'est large. Un colombier bien proportionné doit avoir 3 à 4 toises de diametre dans œuvre : on en fait de quarrés & de ronds; ceux-ci sont plus commodes, en ce que par une échelle tournante fur un pivot, on peut aifément vifiter tout le dedans, & s'approcher des nids fans s'appuyer pour y prendre des pigeonneaux, ce qu'on ne peut faire dans un colombier quarré. Le plancher doit être joint de maniere que les vents n'y puiffent point entrer; la couverture doit auffi être bien faite pour la même raifon: il faut que l'aire du colombier foit bonne, bien cimentée & battue, à caufe que la fiente des pigeons mine confidérablement. Il faut enduire le colombier de bon mortier, le blanchir dedans & dehors, car cette couleur plaît aux pigeons, & même les y attire; les fenêtres ou ouvertures doivent regarder le midi, à caufe que les pigeons aiment à fentir le foleil, principalement en hiver.

Un colombier a ordinairement deux ceintures en-dehors, de pierre de taille ou de plâtre, dont une regne au-deffus de la fenêtre, & l'autre au milieu du colombier. Ces deux ceintures font pour repofer les pigeons lorfqu'ils reviennent de la campagne.

La fenêtre du colombier doit fe fermer par une couliffe un peu haute & plus large que la fenêtre même; on la garnie de fer-blanc, & on l'attache bien contre le mur, pour empêcher que les rats n'y puiffent entrer. Cette couliffe fe hauffe & baiffe par le moyen d'une corde attachée à une poulie; on aura foin de la fermer le foir & ouvrir le matin.

Les nids ou boulins des pigeons font enclavés dans le mur, il y en a de plufieurs façons, les uns font ronds, les autres quarrés. Ces nids font faits avec des pots ou torchées de plâtre, de brique, ou même de pierre; il faut que les nids foient plus grands que petits, afin que le mâle & la femelle puiffent s'y tenir de bout. On obfervera que le premier rang des nids doit toujours être élevé de 4 pieds, & que la muraille du deffous foit bien unie, afin que les rats n'y puiffent point monter. Le nombre des nids n'eft point limité, on peut en faire autant que le colombier en pourra contenir; il faut qu'ils foient placés plutôt en lofange qu'en échiquier, afin qu'ils ne fientent point les uns fur les autres; on ne doit point élever les nids plus haut qu'à trois pieds du faîte du colombier, & recouvrir ce dernier rang d'une planche d'un pied de large, doublée de fer-blanc, mife en pente de peur que les rats n'y defcendent de la couverture.

Il faut mettre au-devant de chaque nid une petite pierre platte qui avance de 3 ou 4 doigts en-dehors du nid pour repofer les pigeons, lorfqu'ils entrent ou fortent, ou que le mauvais temps les obligent de refter.

Bien des gens fe fervent de petits panniers d'ofier qu'ils attachent à la muraille pour fervir de nids aux pigeons: on peut aifément les nétoyer, mais ils ne font pas fi propres ni eftimés que les boulins.

Il faut tenir les colombiers bien clos & bien unis en-dehors, pour empêcher les belettes d'y entrer, on met ordinairement aux pilliers des coins & dans le milieu de leur hauteur, une ceinture de feuille de fer blanc afin que les bêtes ennemies n'y puiſſent point monter. Le vrai colombier eſt le colombier à pied.

Les pigeons communs ſont ou fuyard ou domeſtique, les derniers ne quittent preſque point la maiſon, mais les autres vont chercher leur vie au loin, les uns n'y les autres ne perchent point ſur les arbres, ils different par-là du pigeon ramier qui eſt un pigeon ſauvage.

Les pigeons privés ou pigeons de voliere ſont moins farouches, quittent moins le colombier, ne s'écartent pas tant, ſont beaucoup plus gros, rapportent bien davantage & ont la chair bien plus délicate que les pigeons communs dont je viens de parler; mais on achete ces avantages ſouvent plus chers qu'ils ne valent, car ſi les communs ſont plus petits couvent moins ſouvent & ne ſont pas ſi dodus que les autres; d'un autre côté ils ſont d'une dépenſe bien moins grande, car ils ſe nourriſſent preſque toujours eux-mêmes ſans qu'il en coûte rien à leur maître, ſi ce n'eſt dans le temps des gelées ou des neiges, pendant lequel temps ſeulement on eſt obligé de les nourrir avec du ſaraſin & de la veſce, au lieu que les pigeons de voliere ne ſortent jamais, conſomment beaucoup de grain & demandent beaucoup de ſoin.

Il eſt bon dans les commencements de mêler les deux eſpeces; les pigeons qui en proviendront ſeront plus délicats & plus beaux.

Les pigeons couvent leurs œufs 19 jours, le mâle & la femelle couvent tour-à-tour pendant la journée; mais la nuit c'eſt la femelle qui eſt chargée de ce ſoin: ils font ordinairement des petits tous les mois. A trois ſemaines les petits mangent ſeuls, ils rocoulent à deux mois, & à ſix environ ils commencent à profiter & à ſe préparer pour faire des petits.

Il n'y a que deux bonnes ſaiſons pour peupler le colombier, qui eſt au mois de Mai & au mois d'Août; la premiere eſt la meilleure, parce que les pigeons ſe fortifient beaucoup mieux en été qu'en hiver. La couvée du mois d'Août eſt toujours meilleure à manger, à cauſe de la grande abondance de grains que les pigeons apportent à leurs petits.

La grandeur du colombier décide de la quantité de pigeons qu'il faut pour le peupler; 40 à 50 paires ſuffiſent pour commencer. On aura ſoin de ne point prendre de pigeonneaux que le colombier ne ſoit entiérement peuplé.

Les avis ſont partagés ſur l'âge que doivent avoir les pigeons. Les uns veulent qu'on les prenne lorſqu'ils ont déjà commencé à faire des petits, parce que, diſent-ils, ils demeurent attachés au nouveau colombier; d'autres prétendent qu'il les faut choiſir à l'âge de 6 mois, & de ceux qui naiſſent au mois de Mars ou Juillet; mais la meilleure maniere eſt de les enlever de deſſous leurs meres au bout de 15 jours ou 3 ſemaines, & de les enfermer dans le colombier nouveau pendant 15 autres jours ou 3 ſemaines, & avoir ſoin de leur donner la nourriture néceſſaire;

s'ils ne la prennent pas encore seuls, on doit leur ouvrir le bec pour la leur faire prendre. Pour les accoutumer à manger seuls, on peut mettre avec eux des petits poulets qui mangent, eux-mêmes les instruise par leur exemple; on prendra même peine pour leur donner à boire.

La nourriture qu'on doit leut donner est du millet, chenevi, vesces ou sarrasin; on peut leur donner de temps en temps quelques poignées de froment & de cumin comme un appas qui les attache à leur demeure. Après 3 semaines écoulées ainsi, & qu'on voit qu'ils se repaissent d'eux-mêmes, on leur donne la liberté en leur ouvrant le colombier; ce qu'on ne doit faire d'abord que sur les 4 heures du soir, & dans des jours pluvieux, pour qu'ils ne s'écartent pas, & qu'ils s'accoutument à revenir à leur gîte; car si dans un beau temps ils s'écartoient trop, ne connoissant point encore bien leur demeure, ils pourroient se réfugier ailleurs. L'expérience nous fait voir tous les jours que ménageant les premieres sortie de ces oiseaux, ils ne font que voltiger au-dessous du colombier, comme s'ils n'avoient dessein d'abord que de connoître l'air & le terrein; ce qui dure jusqu'à la nuit qu'ils se renferment.

On ne doit pas leur donner à manger à midi, parce qu'à cette heure ils ont coutume de dormir; ce qui fait profiter leur nourriture.

On doit nétoyer le colombier 4 fois l'année, la premiere au commencement de l'hiver, la seconde après l'hiver, la troisieme après leur premiere couvée, & la quatrieme quand la seconde est passée. On ne doit jamais troubler les pigeons fuyards pendant leurs couvées, cela les effarouche jusqu'à quitter quelques fois leurs œufs, sans y jamais revenir. Le fumier qu'on en tire doit être levé très-doucement, de peur que la poussiere qui nuit à la production des pigeons ne vole en trop grande abondance sur les œufs qui sont dans les nids: il faut le nétoyer le plus promptement possible, crainte que les œufs qui sont à la couvée ne refroidissent.

Toutes les fois qu'on prendra des pigeonneaux, il faut ôter toutes les saletés des nids, & ôter les pigeons qu'on trouveroit morts ou en langueur, parce qu'ils peuvent empuantir le colombier.

On trouve quelquefois des pigeonneaux qui sont tombés de leurs nids, on doit les y remettre; mais sans en espérer néanmoins une bonne issue, le pigeon abandonnant ordinairement ses petits lorsqu'on les a manié: pourquoi on doit s'abstenir de cette curiosité.

Les fumigations sont très-nécessaires aux colombiers, & on doit en faire tous les jours avec des bayes de genievre.

J'ai lu par ordre de Monseigneur le Gardes-des-Sceaux, un Traité sur toutes especes de volaille ou oiseaux de basse-cour, auquel on ajoûte la Description d'une Machine peu dispendieuse pour faire éclore des œufs sans poule, par M. REY DE PLANAZU, & je n'y ai rien trouvé qui puisse en empêcher l'impression. A Paris, ce 26 Mai 1786. BRALLE.

Caisse d'incubation

pour faire eclore les Œufs sans Poules et elever les Poussins avec un Manequin.

Dediée à Madame la Comtesse de l'Aigle.

Par son très humble Serviteur Rey de Planazu.

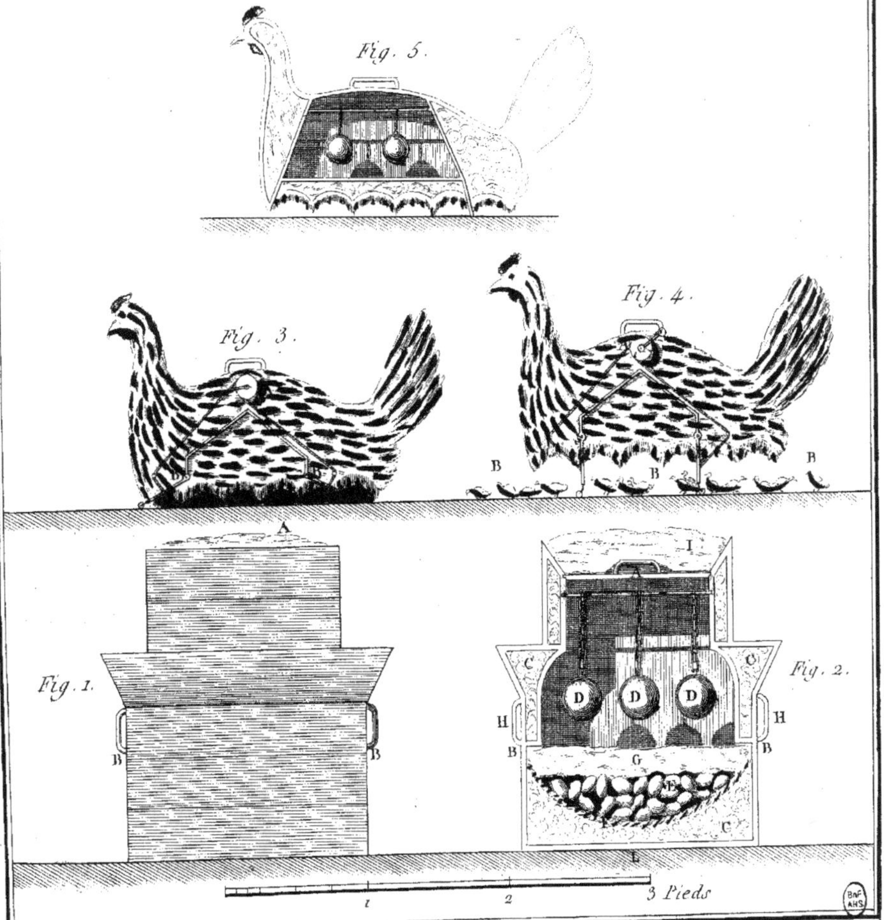

Fig. 5.

Fig. 3.

Fig. 4.

B B B

A

Fig. 1.

B B

I

A

C C

Fig. 2.

D D D

H H

B B

G

E

F

C

L

1 2 3 *Pieds*

BnF AHS

R·P.

Deplanazu

www.ingramcontent.com/pod-product-compliance
Lightning Source LLC
LaVergne TN
LVHW052025160826
845678LV00003B/1211

9782329632308